Inhalt

Suchmaschinen-Marketing - Fahndung mit dem Klick

Kernthesen

Beitrag

Fallbeispiele

Weiterführende Literatur

Impressum

Suchmaschinen-Marketing - Fahndung mit dem Klick

E. Krug

Kernthesen

- Suchmaschinen-Marketing spielt nicht nur eine zentrale Rolle beim Einkauf über das Internet, sondern kommt auch immer mehr beim Offline-Kauf zum Tragen. (1)
- Vor allem für kleine und mittlere Unternehmen ist das Suchmaschinen-Marketing eine gute und kostengünstigere Alternative zur klassischen Werbung. (2)
- Die Zukunft für dieses Marketing-Instrument sieht rosig aus, denn immer mehr Wettbewerber springen auf diesen Zug auf. Allerdings werden die Suchbegriffe

auf mitbewerberintensiven Märkten immer teurer werden. (2), (3)

Beitrag

Suchmaschinen-Marketing, auch Search-Engine-Marketing (SEM) genannt, liegt zurzeit als Erfolgsinstrument im Online-Marketing ganz vorn, da sich immer mehr Internet-User einer Suchmaschine bedienen. Das liegt nicht zuletzt daran, dass das Internet immer weiter wächst (täglich entstehen 7 Millionen neue Webseiten) und ein Überblick somit unmöglich geworden ist. (3), (4)

Search-Engine-Marketing ist der Hit des Online-Marketings

SEM ist an und für sich noch eine sehr junge Disziplin aber bereits mehr als erfolgreich. Suchen mithilfe von Suchmaschinen, wie z.B. Google und Yahoo, ist nach dem Versenden von e-Mails zur zweitpopulärsten Anwendung im Internet avanciert. Suchmaschinen-Marketing bedeutet, vereinfacht dargestellt, nichts anderes, als es einem potenziellen Kunden zu ermöglichen, anhand von Suchwörtern über eine Suchmaschine schnell und einfach eine

Website, ein Produkt, eine Marke etc. zu finden oder auch Preise oder Produkte zu vergleichen. (5)
Laut dem Online-Vermarkterkreis OVK scheint auch in diesem Jahr die Suchwortvermarktung das wachstumsstärkste Segment auf dem Online-Werbemarkt zu sein. Im Jahr 2005 konnte dieser Teil der Online-Werbung einen Umsatz von EUR 245 Millionen verbuchen, was ein Plus von 123 Prozent gegenüber dem Vorjahr bedeutete. Für das laufende Jahr rechnet man mit einem Umsatzplus von 80 Prozent, sprich einem Umsatz von EUR 440 Millionen, welcher sich jetzt noch hauptsächlich auf die drei Suchwortvermarkter Google, Yahoo Search Marketing (ehemals: Overture Services) und MIVA verteilt. (5)
Momentan konsultieren Internet-User bereits vor jeder zweiten Kaufentscheidung eine Suchmaschine und mehr als 60 Prozent suchen schon täglich auf Suchmaschinen. Im Rahmen einer Einkaufsrecherche konsultiert, laut einer Studie von eprofessional und Fittkau & Maaß, der User eine Suchmaschine in erster Linie um bestimmte Produkte zu finden (77,9 Prozent der User). Der Preisvergleich steht an zweiter Stelle (65,6 Prozent), die Suche nach bestimmten Herstellern an dritter Stelle und die Suche nach Online-Shops an vierter Stelle. Aber nicht nur auf der Recherche nach Online-Shops spielt das SEM eine wichtige Rolle, die Internauten suchen auch fleißig über Suchmaschinen nach Offline-Shops. (1), (5), (4)

Der enorme Erfolg von Suchmaschinen-Marketing liegt sicher an der Zielsetzung und dem Nutzen, der damit verbunden ist.

Nutzen und Ziele

Das vornehmliche Ziel von Werbungtreibenden beim Suchmaschinen-Marketing war es anfänglich wohl, Abverkäufe zu forcieren. Dem scheint allerdings heute nicht mehr so zu sein. Immer häufiger werden die Pay-per-Click-Anzeigen zur Markenbildung und erhaltung genutzt. Bei einer Umfrage unter 161 Suchmaschinen-Werbekunden weltweit (davon 72 Prozent aus Nordamerika) wurde deutlich, dass bereits 62 Prozent der Befragten Suchmaschinen-Marketing einsetzen, um in erster Linie die Markenbekanntheit und wahrnehmung zu verbessern. Der direkte Online-Verkauf von Produkten, Inhalten und Service liegt an zweiter Stelle vor der Intention, Leads für andere Verkaufskanäle zu generieren.
Auch in Deutschland fokussieren sich viele Top-Brands nicht mehr ausschließlich auf den Abverkauf. Wenn auch nur zögerlich ziehen sie aber immer häufiger Marketingziele, wie Markenaufbau in die Suchwortkampagnen mit ein. Bei einer Umfrage des Suchwortvermarkters MIVA unter Kunden und

Mediaagenturen hierzulande kam es zu dem Ergebnis, dass immerhin 39 Prozent der Befragten die Textlinks unter anderem zu Branding-Zwecken einsetzen. Knapp 70 Prozent allerdings sehen den eigentlichen Nutzen im steigenden Absatz in ihren Online-Shops. (5)
Als äußerst positiv erweist sich auch, dass der Nutzer einer Search-Engine aktiv an der Suchwort-Vermarktung teilnimmt, sprich selbst mit einem Klick fahndet. Er bringt also von vornherein ein wesentlich größeres Interesse mit, als jemand, der z.B. Werbebriefe empfängt oder sich anderweitig mit Werbung berieseln lässt. (6)
Trotz des offensichtlichen Nutzens sind vom Werbetreibenden diverse Punkte beim Suchmaschinen-Marketing zu beachten.

Vorraussetzungen, die Erfolg garantieren

Die größten Vorteile haben die Werbenden, die ihre Websites ganz oben auf der Trefferliste der Suchmaschinen platzieren können. Das ist nicht ganz einfach, denn die Optimierung ist kompliziert und die unterschiedlichen Suchmaschinen-Betreiber verändern regelmäßig die Kriterien, die die Position einer Web-Seite im Ranking beeinflussen. Selbst

große Namen fliegen da schon mal aus den Ergebnislisten. (4), (7)
Vorrangig sollte dabei folgendes beachtet werden: Sehr wichtig ist, was der eigene Internet-Auftritt zu den gesuchten Keywords bietet. Dabei sind viele Seiten besser als nur eine Seite und besonders von Vorteil ist es, wenn die Stichworte im Titel und im Fettgedruckten vorkommen.
Ebenso wichtig ist die Meinung der anderen. Je mehr Links auf die eigene Internetadresse verweisen, desto besser steht sie in der Suchmaschine da.
Neben einem möglichst substanziellen Inhalt sollte eine akkurate technische Einrichtung gewährleistet sein.
Hat man es geschafft, auf der Liste ganz weit oben zu stehen, ist SEM ein äußerst erfolgreiches Marketing-Tool. (4)

SEM für kleine und mittlere Unternehmen erschwinglich

Zudem ist Suchmaschinen-Marketing nicht so kostenintensiv, wie viele andere Instrumente. Deshalb nutzen immer mehr mittlere und kleine Unternehmen (KMU) im Internet die Suchmaschinen. Ein Großteil der Kunden von Suchmaschinenbetreibern sind KMU. Allerdings ist SEM bei der großen Masse der kleinen und mittleren Unternehmen noch gar nicht angekommen und das Suchmaschinen-Marketing hat noch riesig Luft nach oben. Das Potenzial ist wahrlich enorm groß.

Der große Vorteil ist, dass der Preis pro Werbe-Klick von der Nachfrage abhängt und Firmen mit sehr speziellen Produkten ihre Zielgruppen mit nur wenig bezahlten Suchbegriffen abdecken, d.h., dass mit einem relativ geringen Werbeetat eine große Wirkung erzielt werden kann. Oft ist es sogar so, dass viele große Unternehmen zögerlicher in Onlinewerbung einsteigen als kleine und mittlere Unternehmen, sobald diese die Vorteile erkannt haben und für sich zu nutzen wissen. (2), (4)

Fallbeispiele

Beispiel für Suchmaschinen-Marketing

Saunalux (Grebenhain in Hessen)Produkte: Saunen und Solarien
100 ca. Angestellte

Problem: Im Sommer, aufgrund der Wetterlage sehr wenig Aufträge
Die Firma nutzt Suchmaschinen, um die Auslastung zu steuern. Bei guter Auftragslage wird der Etat kurzfristig nach unten geschraubt, bei Flaute erfolgt das Gegenteil.
Saunalux investiert monatlich zwischen EUR 250 bis EUR 500.
Mit dieser Strategie werden monatlich ca. 750 Online-Anfragen generiert. (2)

Holzspielzeug-Discount (Röttenbach in Franken)
Mittelständisches Unternehmen
Das Geschäftsmodell war von jeher auf den Internet-Vertrieb ausgerichtet
Der wichtigste Teil der Werbung ist das Suchmaschinen-Marketing
Der monatliche Etat dafür liegt bei ca. EUR 3 500 (2)

Hapag Lloyd Flug GmbH
Hapag Lloyd hat bei der Agentur Cybay New Media (Hannover) in Auftrag gegeben, den Online-Angebotsbereich der Plattform für Suchmaschinen zu optimieren
Ziel: Erhöhung der Besucher- und Umsatzzahlen (8)

Der Suchmaschinen-Marketing-Etat der CMA (Centrale Marketing-Gesellschaft der deutschen Agrarwirtschaft mbH) geht an Explido

WebMarketing.
Explido übernimmt ab sofort die Konzeption und Durchführung der Suchmaschinen-Kampagnen (9)

Beispiel für einen Suchmaschinenvermarkter

Google (Marktführer)Der Marktanteil des amerikanischen Unternehmens liegt in den USA bei 50 Prozent in Deutschland und der Schweiz bei ca. 80 Prozent
Der Wert von Google an der Börse liegt zurzeit bei fast $ 120 Milliarden
Bei dem Unternehmen sind 8 Milliarden Webseiten registriert (4)

Künftige Erfolgsinstrumente im Online-Marketing aus Kundensicht

Ergebnis einer Befragung der Media-Agentur Pilot bei 148 WerbekundenRangliste der Erfolgsinstrumente:
1. Suchmaschinen-Marketing
2. Crossmedia

3. E-Mail-Marketing
4. Mobile Marketing
5. Online-Branding-Kampagnen
6. Reine Response-Kampagnen
7. Werbung im interaktiven Fernsehen (3)

Weiterführende Literatur

(1) Suchmaschinen-Marketing: Exklusiv-Studie von eprofessional und Fittkau & Maaß verdeutlicht zentrale Rolle von Suchmaschinen beim On- & Offline-Kauf
aus news aktuell, 2006-06-14

(2) Viel Erfolg mit wenig Geld
aus HORIZONT 37 vom 15.09.2005 Seite 111

(3) Noch viel Arbeit
aus werben & verkaufen Nr. 23 vom 08.06.2006 Seite 055

(4) Wer hat, dem wird gegeben
aus Der Bund vom 17.06.2006 Seite 15

(5) Suchmaschinen-Marketing Netz-Schnüffler im Goldrausch
aus media & marketing Nr. 06 vom 07.06.2006 Seite 016

(6) "Das Ende ist noch lange nicht erreicht"
aus HORIZONT 19 vom 11.05.2006 Seite 052

(7) Der Kampf um die Werbeklicks
aus werben & verkaufen Nr. 21 vom 26.05.2006 Seite 056

(8) Cybay betreibt Suchmaschinen-Marketing für Hapagfly
aus Kontakter Online vom 18.05.2006

(9) Explido WebMarketing betreut CMA
aus Kontakter Online vom 17.05.2006

Impressum

Suchmaschinen-Marketing - Fahndung mit dem Klick

Bibliografische Information der deutschen Nationalbibliothek

Die Deutsche Nationalbibliothek verzeichnet diese Publikation in der deutschen Nationalbibliografie; detaillierte bibliografische Daten sind im Internet über http://dnb.d-nb.de abrufbar.

ISBN: 978-3-7379-0729-3

© 2015 GBI-Genios Deutsche Wirtschaftsdatenbank GmbH, Freischützstraße 96, 81927 München, www.genios.de

Alle Rechte vorbehalten. Dieses Werk ist einschließlich aller seiner Teile – z.B. Texte, Tabellen und Grafiken - urheberrechtlich geschützt. Jede Verwertung außerhalb der Grenzen des Urheberrechtsgesetzes bedarf der vorherigen Zustimmung des Verlags. Dies gilt insbesondere auch für auszugsweise Nachdrucke, fotomechanische Vervielfältigungen (Fotokopie/Mikroskopie), Übersetzungen, Auswertungen durch Datenbanken oder ähnliche Einrichtungen und die Einspeicherung und Verarbeitung in elektronischen Systemen.